KB053236

대한민국 CEO를 위한 **세계 명언집**

대한민국 CEO를 위한
세계 명언집

김광열 엮음

StarRich
Books

대한민국 CEO를 위한

세계 명언집 1

초판 1쇄 2021년 4월 20일
초판 2쇄 2021년 7월 1일

엮은이 김광열
펴낸이 이혜숙
펴낸곳 (주)스타리치북스

출판 감수 이은희
출판 책임 권대홍
출판 진행 황유리 · 이은정
편집 교정 이상희
표지 디자인 권대홍
내지 디자인 스타리치북스 디자인팀

등록 2013년 6월 12일 제2013-000172호
주소 서울시 강남구 강남대로62길 3 한진빌딩 2~8층
전화 02-6969-8955

스타리치북스 페이스북 www.facebook.com/starrichbooks
스타리치북스 블로그 blog.naver.com/books_han
스타리치몰 www.starrichmall.co.kr
홈페이지 www.starrichbooks.co.kr
글로벌기업가정신협회 www.epsa.or.kr

값 20,000원
ISBN 979-11-85982-71-7 13190

한때 '남들 앞에 서는 것'이 고충이던 시절이 있었습니다. 회사를 세운 지 얼마 안 되었을 무렵입니다.

이목이 집중되는 걸 견디지 못하는 탓에 마이크를 들어야 할 때면 매번 긴장하곤 했습니다. 아이러니하게도 회사가 성장할수록 연단에 서는 일은 빈번해졌습니다. 이 때문에 효율적인 연설 방식을 고심했습니다.

명언을 스피치에 넣기 시작한 것도 그때부터였습니다. 주어진 시간 안에 중요한 메시지를 명료히 전달하기 위해서는 명언만큼 좋은 방법이 없었습니다. 지금도 스피치를 해야 할 때면 주제에 맞는 명언을 찾는 것으로 연설 준비를 시작합니다.

저와 같은 고민을 하는 동료 CEO들이 많다는 걸 깨닫고 책 출간을 결심했습니다. 인사이트가 담긴 세계 명사들의 명언과 사진작가들의 마스터피스를 한 권의 책으로 엮었습니다. 챕터별로 분류된 이 책의 명언들을 잘 활용한다면 의미 있고 감동적인 연설이 가능할 것입니다.

좋은 연설의 첫 번째 조건은 '진심'이라고 합니다. 이 책이 여러분의 진심을 전하는 데 많은 도움이 되길 바랍니다.

− 김광열 (사)글로벌기업가정신협회 회장

차례

친구에 관한 명언

충고에 관한 명언

용기에 관한 명언

지혜에 관한 명언

책에 관한 명언

희망에 관한 명언

인생에 관한 명언

행복에 관한 명언

정의에 관한 명언

Justice

정의란
자신에게 어울리는 것을 소유하고
자신에게 어울리게 행동을 하는 것이다.

Platōn

불의가 없다면
인간은 정의를 알지 못할 것이다.

• 헤라클레이토스 Heraclitus of Ephesus, BC 540~BC 480. 고대 그리스의 사상가.

인류에게 하나밖에 없는 진정한 원칙은 정의다.
약자에 대한 정의는 보호하고 친절하게 대하는 것이다.

• 헨리 프레데리크 아미엘 Henri-Frédéric Amiel, 1821~1881, 스위스에서 활동한 프랑스계 작가.

정의는 모든 이에게 합당한 몫을 나눠주려는
지속적이고 영구적인 의지다.

• 도미티우스 울피아누스 Domitius Ulpianus, 170–228. 로마의 법학자, 정치가.

정의는 행동으로 진실해진다.

• 벤저민 디즈레일리 Benjamin Disraeli, 1804~1881, 영국 제국주의 시대 총리를 지냈던 정치가.

정의가 없는 용기는 나약하기 짝이 없다.

• 벤저민 프랭클린 Benjamin Franklin, 1706~1790. 미국의 정치가. 다재다능한 실용주의자로 평가받는다.

힘없는 정의는 도움이 안 된다.
정의 없는 힘은 폭군 같다.
우리는 정의로운 것을 힘세게 만들 수 없으므로
힘센 것을 정의로운 것으로 삼아왔다.

• 블레즈 파스칼 Blaise Pascal, 1623~1662. 프랑스의 수학자이자 철학자.

정의는 완전무결할 때만 옳다.

• 빅토르 마리 위고 Victor Marie Hugo, 1802~1885. 프랑스의 낭만파 시인, 소설가, 극작가.

정의는 함께 사는 사회의 미덕을 키우고
공공선公共善을 고민하는 것이다.

• 마이클 샌델 Michael Sandel, 1953~. 미국의 정치철학자. 《정의란 무엇인가》의 저자.

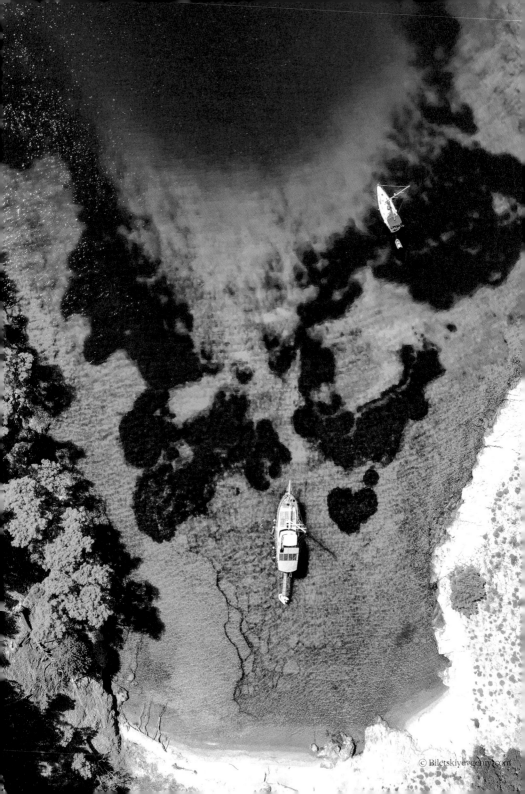

정의는 평화보다 더 귀중하다.

• 우드로 윌슨 Woodrow Wilson, 1856~1924. 미국의 제28대 대통령. 정치학자, 역사학자.

지혜 없는 정의는 있을 수 없다.

• 제임스 앤서니 프루드 James Anthony Froude, 1818~1894. 영국의 역사가.

법에 대한 존경심보다는
정의에 대한 존경심을 먼저 기르는 것이 바람직하다.

• 헨리 데이비드 소로 Henry David Thoreau, 1817~1862. 미국의 사상가이자 문학자.

정의 속에서만 사회 질서가 중심이 된다.

• 아리스토텔레스 Aristoteles, BC 384~BC 322. 고대 그리스의 철학자. 여러 학문에 통달한 학자이기도 했다.

정의는 인간이 서로 해치지 않게 하려는
편의적 계약이다.

• 에피쿠로스 Epikouros, BC 341~BC 270. 고대 그리스의 철학자이자 유물론자, 에피쿠로스학파의 시조.

때늦은 정의는 실현되지 못한 정의이다.

• 윌리엄 이워트 글래드스턴 William Ewart Gladstone, 1809~1898. 영국의 전 총리.

군자는 이 세상에서
어떤 일을 꼭 해야 한다고 고집을 부리거나
어떤 일을 해서는 안 된다는 주관적인 편견을 배격하고
오직 정의에 입각해 행동한다.

● 공자 孔子, BC 551~BC 479. 고대 중국의 사상가이자 철학자. 유가학파의 창시자다.

진실과 정의에 관한 문제는 경중이 따로 없다.
인간 존중에 관한 문제이기 때문이다.

• 알베르트 아인슈타인 Albert Einstein, 1879~1955. 독일 출신의 세계적인 물리학자.
1921년 노벨물리학상을 수상했다.

노력에 관한 명언

Effort

.

성공은 열심히 노력하며
기다리는 사람에게 찾아온다.

Thomas Alva Edison

노력은 수단이 아니라 그 자체가 목적이다.
노력하는 것 자체에 보람을 느낀다면
누구든 인생의 마지막 시점에서
미소를 지을 것이다.

• 레프 니콜라에비치 톨스토이 Lev Nikolaevich Tolstoi, 1828~1910. 러시아의 소설가이자 철학자.
《전쟁과 평화》,《안나 카레니나》,《부활》 등의 명저를 남겼다.

두 배로 생각하라.

두 배로 노력하라.

그것이 가진 것 없는 보통 사람이 성공하는 비결이다.

• 인드라 누이 Indra Nooyi, 1955~. 인도 출신 미국 여성 기업인. 식품제조 기업 펩시코의 전 최고경영인.

재능은 식탁에서 쓰는 소금보다 흔하다.
재능 있는 사람과 성공한 사람을 구분 짓는 기준은
오로지 엄청난 노력뿐이다.
재능을 타고났다는 것은
출발선에서 조금 앞에 섰다는 것에 불과하다.

• 스티븐 에드윈 킹 Stephen Edwin King, 1947~. 미국의 소설가. 다작 작가로 많은 작품이 영화로 만들어졌다.

나의 어느 부분도 원래부터 있었던 것이 아니다.
나는 모든 지인이 노력한 집합체다.

• 척 팔라닉 Chuck Palahniuk, 1962~. 미국의 베스트셀러 작가. 《파이트 클럽》, 《질식》 등의 작품이 있다.

성공은 결과로만 측정할 것이 아니라
그것에 들인 노력의 총계로 따져야 한다.

• 토머스 앨바 에디슨 Thomas Alva Edison, 1847~1931, 미국의 천재적인 발명가이자 사업가.
세계에서 가장 많은 발명품을 남긴 인물로 알려져 있다.

목적을 이루기 위해 오래 인내하기보다는
눈부시게 노력하는 편이 쉽다.

● 장 드 라 브뤼에르 Jean de La Bruyère, 1645~1696, 프랑스의 철학자이자 작가.

노력 없이 쓰인 글은 대개 감흥 없이 읽힌다.

• 새뮤얼 존슨 Samuel Johnson, 1709–1784. 영국의 시인, 평론가. 영국 최초로 근대적 영어사전을 만들었다.

노력한다고 모두 성공하는 것은 아니지만
성공한 사람들의 공통점은
모두 다 노력했다는 것이다.

• 스티븐 코비 Stephen Covey, 1932~2012. 미국의 작가. 대표작으로 《성공하는 사람들의 7가지 습관》이 있다.

신은 우리에게 성공할 것을 요구하지 않는다.
다만 우리가 노력할 것을 요구할 뿐이다.

● 마더 테레사 Mother Teresa, 1910~1997. 알바니아 출신의 가톨릭 수녀. 인도에서 평생 봉사 활동을 펼쳤다.
'가난한 사람들의 어머니'로 불렸으며 1979년 노벨평화상을 수상했다.

나는 중요한 일을 이루려고 노력할 때
사람들 말에 너무 신경 쓰지 않는 것이
바람직하다는 사실을 깨달았다.
사람들은 예외 없이 안 될 거라고 공언한다.
하지만 바로 이때가 노력할 절호의 시기다.

● 존 캘빈 쿨리지 John Calvin Coolidge, 1872~1933. 미국의 정치인. 제30대 미국 대통령을 지냈다.

사람을 강하게 만드는 것은
하는 일이 아니라 하고자 노력하는 것이다.

● 어니스트 헤밍웨이 Ernest Hemingway, 1899~1961. 미국의 소설가, 20세기 현대 문학의 거장으로 불린다.
《노인과 바다》로 1953년 퓰리처상, 1954년 노벨문학상을 수상했다.

당신의 노력을 존중하라.
당신 자신을 존중하라.
자존감은 자제력을 낳는다.
이 둘을 모두 겸비하면 진정한 힘을 갖게 된다.

• 클린트 이스트우드 Clint Eastwood, 1930~. 미국의 영화배우이자 감독.

사람은 누구나 여러 번 좌절한다.
하지만 노력을 포기하지 않는 한
그 누구도 실패자는 아니다.

• 존 버로스 John Burroughs, 1837~1921, 미국의 수필가, 자연주의자로 평생 자연 보호 운동에 힘썼다.

남보다 뛰어나다는 것은 항상 더 잘하려고
노력하는 꾸준함에서 나온 결과다.

• 팻 라일리 Pat Riley, 1945-. 미국의 프로농구 선수 출신 감독. 'NBA 역사상 위대한 감독 10인'으로 꼽힌다.

행운은 100퍼센트 노력 뒤에 남는 것이다.

• 랭스턴 콜먼 Langston Coleman, 1963~. 미국 네브라스카 대학 출신의 전설적인 미식 축구 선수.

끊임없이 노력하라.
체력이나 지능이 아니라 노력이야말로
잠재력의 자물쇠를 푸는 열쇠다.

● 윈스턴 레너드 스펜서 처칠 Winston Leonard Spencer Churchill, 1874~1965. 영국의 정치가.
영국 총리로 제2차 세계대전을 승리로 이끌었다.

성공에 관한 명언

Success

.

실패하는 길은 여럿이지만
성공하는 길은 오직 하나다.

Aristoteles

성공에 이르는 가장 큰 비결은
결코 지치지 않는 인생을 사는 것이다.

• 알베르트 슈바이처 Albert Schweitzer, 1875~1965, 독일 출신의 프랑스 의사, 철학자, 신학자.
오랜 의료 봉사 활동을 인정받아 1952년 노벨평화상을 수상했다.

성공은 노력의 대가라는 것을 기억하라.

● 소포클레스 Sophocles, BC 496~BC 406. 고대 그리스의 시인. 3대 비극 시인으로 꼽힌다.

성공은 끝이 아니며 실패는 치명적인 것이 아니다.
중요한 것은 지속하고자 하는 용기다.

• 윈스턴 레너드 스펜서 처칠 Winston Leonard Spencer Churchill, 1874~1965. 영국의 정치가.
영국 총리로 제2차 세계대전을 승리로 이끌었다.

실패에서 성공을 이끌어내라.
좌절과 실패는 성공에 이르는 가장 확실한 디딤돌이다.

• 데일 카네기 Dale Carnegie, 1888~1955. 미국의 작가이자 자기계발 분야 컨설턴트.
《데일 카네기 인간관계론》은 전 세계에서 5천만 부 이상 판매되었다.

© Gillmar

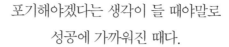

포기해야겠다는 생각이 들 때야말로
성공에 가까워진 때다.

• 밥 파슨스 Bob Parsons, 1950~. 미국의 사업가. 인터넷 도메인 제공 사업으로 억만장자가 된 인물이다.

많이 실패하라.

그래서 빨리 성공할 수 있게 하라.

• 톰 켈리 Tom Kelly, 1955~. 미국의 세계적인 디자인 기업 IDEO의 공동 대표, 베스트셀러 작가.

성공 비결은 따로 존재하지 않는다.
그것은 준비성, 근면성, 실패에서 배우는 것이다.

• 콜린 루서 파월 Colin Luther Powell, 1937~. 미국의 정치인이자 군인. 제65대 국무장관을 지냈다.

시도하지 않은 곳에
성공이 있었던 예는 결코 없다.

● 호레이쇼 넬슨 Horatio Nelson, 1758~1805, 트라팔가르 해전을 승리로 이끈 영국의 해군 제독.

사람에게 가장 중요한 것은
실패했다고 낙담하지 않는 것이며
성공했다고 기뻐 날뛰지 않는 것이다.

• 표도르 미하일로비치 도스토옙스키 Fyodor Mikhailovich Dostoevskii, 1821~1881. 러시아의 대문호.
《카라마조프가의 형제들》, 《죄와 벌》 등 수많은 명작을 남겼다.

성공은 얼음과 같이 차고 북극과 같이 외롭다.

• 비키 바움 Vicki Baum, 1888~1960. 오스트리아 출신의 미국 작가.

성공하는 것은 어렵다.
그러나 그걸 유지하는 것은 더 어렵다.

● 피트 로즈 Pete Rose, 1941~. 미국 메이저리그 야구선수로 올스타에 17회나 선정되는 기록을 남겼다.

당장 편하자고 남의 손을 빌리면
성공의 기쁨도 영영 남의 것이 된다.

• 앤드류 매튜스 Andrew Matthews, 1957~. 호주의 세계적인 동기부여 전문가이자 베스트셀러 작가.

명예롭지 못한 성공은 양념을 하지 않은 음식 같아서
배고픔은 면하게 해주지만 맛은 없다.

• 조 패터노 Joe Paterno, 1926~2012. 미국의 미식축구 감독으로 대학리그 최다승 기록을 남겼다.

만약 성공의 비결이 있다면
그것은 타인의 관점을 잘 포착하여
자기 상황에서 사물을 볼 줄 아는 재능,
바로 그것이다.

• 헨리 포드 Henry Ford, 1863~1947. 미국 포드자동차의 창업자. '자동차의 왕'으로 불렸다.

성공의 비결은
목적을 향해 시종일관하는 것이다.

• 벤저민 디즈레일리 Benjamin Disraeli, 1804~1881. 영국 제국주의 시대 총리를 지냈던 정치가.

성공은 수만 번의 실패를 감싸준다.

● 조지 버나드 쇼 George Bernard Shaw, 1856~1950. 아일랜드의 극작가 겸 소설가.
1925년 노벨문학상을 수상했다.

부 富에 관한 명언

Wealth

·

가난해도 만족하고 사는 사람은 부자다.
그러나 부자지만 가난해질 것을 걱정하는 사람은
겨울의 마른 나무와 같다.

William Shakespeare

우리는 모두 부를 갈망하지만
그것의 위험은 갈망하지 않는다.

• 장 드 라 브뤼예르 Jean de La Bruyère, 1645~1696, 프랑스의 철학자이자 작가.

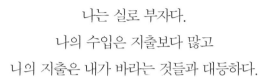

나는 실로 부자다.
나의 수입은 지출보다 많고
니의 지출은 내가 바라는 것들과 대등하다.

• 에드워드 기번 Edward Gibbon, 1737~1794. 영국의 역사가이자 문필가. 《로마제국 쇠망사》를 저술했다.

부의 사용을 두려워하는 사람은
부에 적합하지 않은 사람이다.

• 토마스 풀러 Thomas Fuller, 1608~1661. 영국의 종교인이자 역사학자.

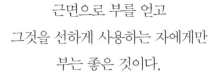

근면으로 부를 얻고
그것을 선하게 사용하는 자에게만
부는 좋은 것이다.

• 하인리히 리케르트 Heinrich Rickert, 1863~1936. 독일의 철학자. 서남 독일학파의 대표 주자.

© Drniti

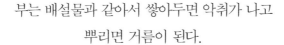

부는 배설물과 같아서 쌓아두면 악취가 나고
뿌리면 거름이 된다.

• 레프 니콜라예비치 톨스토이 Lev Nikolaevich Tolstoi, 1828~1910. 러시아의 소설가이자 철학자.
《전쟁과 평화》, 《안나 카레니나》, 《부활》 등의 명저를 남겼다.

부를 너무 많이 가지고 있는 것은
너무 적게 가지고 있는 것보다 괴로운 일이다.

• 하인리히 하이네 Heinrich Heine, 1797~1856. 낭만주의와 고전주의를 이은 독일의 시인.

지갑이 가벼우면 마음이 무겁다.

• 요한 볼프강 폰 괴테 Johann Wolfgang von Goethe, 1749~1832. 독일의 시인 · 문학가이자 정치가.
《젊은 베르테르의 슬픔》, 《파우스트》 등의 명저를 남겼다.

부자가 재산을 자랑하더라도
그 부를 어떻게 쓰는지를 알기 전에는
칭찬하지 마라.

• 소크라테스 Socrates, BC 470–BC 399. 고대 그리스의 철학자. 예수, 석가, 공자와 함께 4대 성인으로 불린다.

세상에는 일곱 가지 죄가 있다.

노력 없는 부,

양심 없는 쾌락,

인격 없는 지식,

도덕성 없는 상업,

인성 없는 과학,

희생 없는 기도,

원칙 없는 정치가 그것이다.

● 마하트마 간디 Mahatma Gandhi, 1869~1948. 인도의 사상가. '인도 건국의 아버지'로 추앙받는 지도자다.

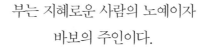

부는 지혜로운 사람의 노예이자
바보의 주인이다.

• 루키우스 안나이우스 세네카 Lucius Annaeus Seneca, BC 4~AD 65. 고대 로마의 철학자.

부가 늘어나는 사람은 걱정도 늘어난다.

• 벤저민 프랭클린 Benjamin Franklin, 1706~1790. 미국의 정치가. 다재다능한 실용주의자로 평가받는다.

모든 업적과 부는 아이디어에서 시작된다.

부를 경멸하는 사람이 있다.
그것은 부자가 될 희망이 없기 때문이다.

● 프랜시스 베이컨 Francis Bacon, 1561~1626. 영국의 철학자, 정치가.
데카르트와 함께 근대 철학의 개척자로 평가받는다.

가지고 있는 돈을 셀 수 있다면 억만장자가 아니다.

● 진 폴 게티 Jean Paul Getty, 1892~1976, 미국의 대부호, 석유와 호텔 사업으로 세계적인 부자가 되었다.

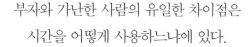

부자와 가난한 사람의 유일한 차이점은
시간을 어떻게 사용하느냐에 있다.

• 로버트 기요사키 Robert kiyosaki, 1947~. 미국의 기업가, 작가, 《부자 아빠 가난한 아빠》로 유명하다.

부는 마음의 상태에서 비롯된다.
누구든 부유한 생각을 하면 부유한 마음을 얻을 수 있다.

• 에드워드 영 Edward Young, 1683~1765, 영국의 시인. 《밤의 상념》이란 작품으로 큰 명성을 얻었다.

친구에 관한 명언

Friend

.

당신과 함께 리무진을 타고 싶어하는 친구는 많겠지만
진정 당신이 원하는 친구는
리무진이 고장났을 때 함께 버스를 타 줄 사람이다.

Oprah Gail Winfrey

친구는 제2의 자신이다.

• 아리스토텔레스 Aristoteles, BC 384~BC 322. 고대 그리스의 철학자. 여러 학문에 통달한 학자이기도 했다.

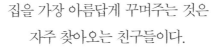

집을 가장 아름답게 꾸며주는 것은
자주 찾아오는 친구들이다.

● 랠프 월도 에머슨 Ralph Waldo Emerson, 1803~1882. 미국의 시인이자 사상가.
'지적 독립선언'이라고 평가받는 《미국의 학자》를 저술했다.

보이지 않는 곳에서
나를 좋게 말하는 사람이 진정한 친구다.

• 토마스 풀러 Thomas Fuller, 1608~1661. 영국의 종교인이자 역사학자.

친구를 갖는다는 것은 또 하나의 인생을 갖는 것이다.

● 발타사르 그라시안 Baltasar Gracian, 1601~1658, 스페인의 철학자이자 종교인.

모든 말과 행동을 칭찬하는 사람보다
친절하게 단점을 말해주는 친구를 가까이 둬라.

• 소크라테스 Socrates, BC 470~BC 399. 고대 그리스의 철학자. 예수, 석가, 공자와 함께 4대 성인으로 불린다.

친구와 어둠 속을 걷는 것이
혼자 밝은 곳을 걷는 것보다 낫다.

• 헬렌 켈러 Helen Keller, 1880~1968. 미국의 작가. 평생을 인권 운동과 사회 복지 사업에 몰두했다.
시각·청각 장애를 극복하고 세계 최초로 대학 교육을 받은 인물이다.

친구를 얻는 방법은
친구에게 부탁을 들어달라고 하는 것이 아니라
내가 부탁을 들어주는 것이다.

● 투키디데스 Thukydides, 기원전 5세기 고대 그리스 아테네의 역사가.

설명하지 마라.
친구라면 설명할 필요 없고
적이라면 어차피 믿으려 하지 않을 테니까.

• 엘버트 허버드 Elbert Hubbard, 1856~1915, 미국의 작가, 《가르시아 장군에게 보내는 편지》라는 작품이 있다.

그 사람을 모르거든 그의 친구를 보라.
사람은 서로 뜻이 맞는 사람을 친구로 삼기 때문이다.

• 메난드로스 Menandros, BC 342~BC 291. 고대 그리스의 시인이자 극작가.

© Nenufar

내가 고개를 끄덕일 때
똑같이 끄덕이는 친구는 필요 없다.
그런 건 내 그림자가 더 잘한다.

• 플루타르코스 Plutarchos, 46~120, 그리스의 정치가, 작가. 《플루타르코스 영웅전》으로 잘 알려져 있다.

성공은 친구를 만들고 역경은 친구를 시험한다.

• 푸블릴리우스 시루스 Publilius Syrus, BC 85~BC 43. 고대 로마의 작가이자 풍자 시인.
'구르는 돌에는 이끼가 끼지 않는다'는 유명한 말을 남겼다.

고난과 불행이 찾아왔을 때
비로소 친구가 친구임을 안다.

● 이백 李白, 701~762. 중국 당나라의 시인. 두보(杜甫)와 함께 중국의 최고 시인으로 불린다.

만약 누군가를 당신 편으로 만들고 싶다면
먼저 당신이 그의 진정한 친구라는 확신을 줘라.

• 에이브러햄 링컨 Abraham Lincoln, 1809~1865. 미국의 제16대 대통령으로 노예를 해방한 일로 유명하다.

© Dawncat

나는 언제나 새 친구들에 대해 알고 싶지만
옛 친구들에 대해서는 아무것도 알고 싶지 않다.

• 오스카 와일드 Oscar Wilde, 1854~1900. 아일랜드의 시인, 소설가이자 평론가.

친구를 용서하는 것보다 적을 용서하는 것이 더 쉽다.

● 윌리엄 블레이크 William Blake, 1757~1827. 영국의 시인이자 화가.

친구라면 친구의 결점을 잘 참고 견뎌야 한다.

• 윌리엄 셰익스피어 William Shakespeare, 1564~1616. 영국의 세계적인 극작가.
《로미오와 줄리엣》, 《햄릿》 등 수많은 명작을 남겼다.

충고에 관한 명언

Advise
.

듣기 싫은 충고를 해주는 친구가 있다면
그 사람은 복 받은 사람이다.

Michel de Montaigne

바보도 때로는 좋은 충고를 한다.

• 아울루스 겔리우스 Aulus Gellius, 고대 로마의 수필가, 《아티카 야화》를 남겼다.

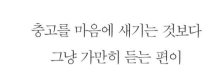

충고를 마음에 새기는 것보다
그냥 가만히 듣는 편이
목표를 달성하는 데는 훨씬 도움이 된다.

• 말콤 포브스 Malcolm Forbes, 1919~1990. 미국의 갑부이자 경제 전문지 〈Forbes〉의 발행인.

어디에 가면 훌륭한 충고를 들을 수 있는지
알고 있는 사람은
스스로에게도 충고할 수 있다.

• 요한 볼프강 폰 괴테 Johann Wolfgang von Goethe, 1749~1832, 독일의 시인 · 문학가이자 정치가.
《젊은 베르테르의 슬픔》, 《파우스트》 등의 명저를 남겼다.

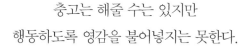

충고는 해줄 수는 있지만
행동하도록 영감을 불어넣지는 못한다.

• 프랑수아 드 라로슈푸코 François, de La Rochefoucauld, 1613~1680. 프랑스 귀족 출신의 작가.
작품으로 《잠언과 성찰》을 남겼다.

많은 사람이 충고를 받지만
오직 현명한 사람만이 충고의 덕을 본다.

좋은 약은 입에 쓰지만 병에 이롭고,
충직한 말은 귀에 거슬리나 행동에 이롭다.

• 사마천 司馬遷. 중국 전한시대의 역사가이자 저자. 최고의 역사서로 평가받는 〈사기〉를 저술했다.

기꺼이 받아들일 수 있는 충고는 없다.

• 조지프 애디슨 Joseph Addison, 1672~1719, 영국의 수필가, 시인, 극작가이자 정치인.

어느 사회나 지배하려는 사람과
충고하려는 사람이 있다.

• 랠프 월도 에머슨 Ralph Waldo Emerson, 1803~1882. 미국의 시인이자 사상가.
'지적 독립선언'이라고 평가받는 《미국의 학자》를 저술했다.

충고는 하늘에서 내리는 눈과 같다.
오랫동안 부드럽게 내릴수록 마음 깊은 곳까지 파고든다.

• 새뮤얼 테일러 콜리지 Samuel Taylor Coleridge, 1772~1834. 영국의 시인, 평론가.
비평서 《문학평전》과 《사색의 길잡이》 등의 저술을 남겼다.

© Kotenko Oleksandr

훌륭한 충고보다 값진 선물은 없다.

• 데시데리우스 에라스뮈스 Desiderius Erasmus, 1466~1536. 네덜란드의 인문학자이자 철학자.
《격언집》,《우신예찬》 등의 저서를 남겼다.

사람과 사람이 접촉할 때
가장 큰 신뢰는 충고를 서로 주고받는 것이다.

● 프랜시스 베이컨 Francis Bacon, 1561~1626. 영국의 철학자, 정치가.
데카르트와 함께 근대 철학의 개척자로 평가받는다.

어떠한 충고라도 길게 말하지 마라.

• 퀸투스 호라티우스 플라쿠스 Quintus Horatius Flaccus, BC 65~BC 8. 고대 로마 공화정 말기의 시인.

남의 충고에 귀 기울이지 않는 사람은
구제불능인 어리석은 사람이다.

● 발타사르 그라시안 Baltasar Gracian, 1601~1658, 스페인의 철학자이자 종교인.

자녀에게 충고하는 최선의 방법은
먼저 당신 자녀가 진정으로
바라는 것이 무엇인지를 알아서
그것을 이룰 수 있도록 해주는 것이다.

• 해리 투르먼 Harry S. Truman, 1884~1972, 미국의 제33대 대통령.

충고는 누군가에게 어떤 일에
몰두하라고 제안하는 것이다.

● 앰브로즈 비어스 Ambrose Bierce, 1842~1914. 미국의 평론가이자 소설가.

실수를 바로잡으려면 비난보다 충고가 효과적이다.

충고는 실수를 깨닫게 해준다.

● 에픽테토스 Epictetus, 55~135, 고대 그리스 스토아학파의 대표적인 철학자.

용기에 관한 명언

Courage
.

용기는 우리를 성공으로 이끌고
두려움은 우리를 실패로 이끈다.

Lucius Annaeus Seneca

용기 있는 사람이란
양심이 명령하는 바에 따라 행동하는 사람이다.

• 루이제 린저 Luise Rinser, 1911~2002, 독일의 소설가. 대표작으로 《생의 한가운데》가 있다.

신은 용기 있는 사람을 결코 버리지 않는다.

• 헬렌 켈러 Helen Keller, 1880~1968. 미국의 작가. 평생을 인권 운동과 사회 복지 사업에 몰두했다.
시각·청각 장애를 극복하고 세계 최초로 대학 교육을 받은 인물이다.

돈을 잃는 것은 가벼운 손실이고
명예를 잃는 것은 중대한 손실이다.
그러나 용기를 잃는 것은 보상받을 수 없는 손실이다.

• 요한 볼프강 폰 괴테 Johann Wolfgang von Goethe, 1749~1832. 독일의 시인·문학가이자 정치가.
《젊은 베르테르의 슬픔》, 《파우스트》 등의 명저를 남겼다.

금은 불에 의해 시험되고
용기는 역경에 의해 시험된다.

• 루키우스 안나이우스 세네카 Lucius Annaeus Seneca, BC 4~AD 65, 고대 로마의 철학자.

© Photobac

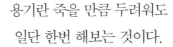

용기란 죽을 만큼 두려워도
일단 한번 해보는 것이다.

• 존 웨인 John Wayne, 1907~1979. 미국의 영화배우. 수많은 서부영화와 전쟁영화로 영화계 스타가 되었다.

싸움을 하지 않고 그 자리를 피하는 것은
당장 그 자리에서 싸움을 하는 것 이상으로
용기가 필요한 일이다.

• 휴 로프팅 Hugh Lofting, 1886~1947. 영국 출신의 미국 아동문학가. 삽화가로도 유명하다.

정의롭지 못한 용기는 나약하기 짝이 없다.

• 벤저민 프랭클린 Benjamin Franklin, 1706~1790. 미국의 정치가. 다재다능한 실용주의자로 평가받는다.

진정한 용기는 모든 증인 앞에서 할 수 있는 일을
아무도 보지 않는 곳에서 하는 것이다.

• 프랑수아 드 라로슈푸코 François, de La Rochefoucauld, 1613~1680. 프랑스 귀족 출신의 작가.
작품으로 《잠언과 성찰》을 남겼다.

용기는 겁 없이 모험에 뛰어드는 것이 아니라
정당한 명분과 단호한 마음을 갖는 것이다.

• 플루타르코스 Plutarchos, 46~120, 그리스의 정치가, 작가. 《플루타르코스 영웅전》으로 잘 알려져 있다.

권리는 그것을 지킬 용기가 있는 자에게만 주어진다.

• 로저 내시 볼드윈 Roger Nash Boldwin, 1884~1981. 미국의 작가이자 시민운동가.

최상의 용기는 분별력이다.

● 윌리엄 셰익스피어 William Shakespeare, 1564~1616. 영국의 세계적인 극작가.
《로미오와 줄리엣》, 《햄릿》 등 수많은 명작을 남겼다.

자기 안에 용기를 가지고 있으면서도
남의 용기를 자신 속에서 얻으려 하기 때문에
배반이 생긴다.

• 랠프 월도 에머슨 Ralph Waldo Emerson, 1803~1882. 미국의 시인이자 사상가.
'지적 독립선언'이라고 평가받는 《미국의 학자》를 저술했다.

우리 중 가장 용기 있는 사람도
진정한 용기가 무엇인지 잘 모른다.

• 프리드리히 니체 Friedrich Nietzsche, 1844~1900. 실존주의의 선구자로 불리는 독일의 철학자, 시인.

© Llaszlo

용기가 없는 사람에게는 어떤 좋은 것도 생기지 않는다.

• 마르쿠스 아우렐리우스 Marcus Aurelius, 121~180. 로마제국의 제16대 황제이자 스토아학파 철학자.

용기가 있는 곳에 희망이 있다.

• 푸블리우스 코르넬리우스 타키투스 Publius Cornelius Tacitus, 56~117. 고대 로마의 역사가.

크게 어려운 일을 당해도
두려워하지 않는 것이 성인의 용기다.

• 장자 莊子, BC 369~BC 289. 중국 전국시대 말 송나라의 사상가. 노자와 함께 도가(道家)를 형성한 인물이다.

지혜에 관한 명언

Wisdom
.

지혜란
개인의 의견이 바닥난 후에 남는 것이다.

Cullen Hightower

지혜의 첫걸음은 자신의 어리석음을 깨닫는 것이다.

● 크리스티안 퓌르히테고트 겔레르트 Christian Fürchtegott Gellert, 1715~1769. 독일의 시인.

지혜를 이해하는 데는 지혜가 필요하다.

• 월터 리프먼 Walter Lippmann, 1889~1974. 미국의 저널리스트, 정치 평론가.

170 세계 명언집

현인도 지혜가 지나치면 바보가 된다.

• 랠프 월도 에머슨 Ralph Waldo Emerson, 1803~1882. 미국의 시인이자 사상가.
'지적 독립선언'이라고 평가받는 《미국의 학자》를 저술했다.

지혜는 연륜이 아닌 능력으로 얻어진다.

• 티투스 마치우스 플라우투스 Titus maccius Plautus, BC 254~BC 184. 고대 로마의 희극 작가.

지혜로운 마음은 계속 무언가를 배울 여유를 가진다.

• 조지 산타야나 George Santayana, 1863~1952. 스페인 출신의 미국 철학자. 하버드대 교수를 지냈다.

가장 지혜로운 사람은 허송세월을 가장 슬퍼한다.

• 알리기에리 단테 Alighieri Dante, 1265~1321. 13세기 이탈리아 최고의 시인이자 종교인.
불후의 명작으로 꼽히는 《신곡》을 남겼다.

지혜로운 사람은 자기 자신의
사명을 알고 있는 사람이다.

• 레프 니콜라예비치 톨스토이 Lev Nikolaevich Tolstoi, 1828~1910. 러시아의 소설가이자 철학자.
《전쟁과 평화》, 《안나 카레니나》, 《부활》 등의 명저를 남겼다.

고통은 인간을 생각하게 만들고
사고는 인간을 현명하게 만들며
지혜는 인생을 견딜 만하게 만든다.

• 블레즈 파스칼 Blaise Pascal, 1623~1662. 프랑스의 수학자이자 철학자.

지혜는 학교에서 배우는 것이 아니라
평생 노력해서 얻는 것이다.

• 알베르트 아인슈타인 Albert Einstein, 1879~1955. 독일 출신의 세계적인 물리학자.
1921년 노벨물리학상을 수상했다.

지혜는 얻어야 하는 것이 아니다.
지혜는 우리 자신이 점차
그렇게 되어야 하는 어떤 것이다.

• 레이첼 나오미 레멘 Rachel Naomi Remen, 1938~. 미국의 의대 교수로 마음 건강법의 선구자로 불린다.

지혜는 학교에서 시험할 수도,
가진 자가 갖지 않은 자에게 건네줄 수도 없다.
지혜는 영혼의 차원이며
입증할 수 없는 그 자체가 증거다.

• 월트 휘트먼 Walt Whitman, 1819~1892. 미국의 음유시인. 산문집 《자선일기 기타》를 남겼다.

정직함은 '지혜'라는 책의 첫 번째 장이다.

• 토머스 제퍼슨 Thomas Jefferson, 1743~1826. 미국의 독립 선언서를 기초한 제3대 미국 대통령.

흰머리가 는다고 해서 지혜가 생기는 것은 아니다.

• 메난드로스 Menandros, BC 342~BC 291. 고대 그리스의 시인이자 극작가.

© Alexander Lipko

다른 사람을 아는 것은 지혜이고
자기 자신을 아는 것은 깨달음이다.

● 노자 老子. 중국 춘추시대 초나라의 사상가. 도교(道敎)의 창시자.

침묵은 진정한 지혜에서 나오는 최고의 답이다.

• 에우리피데스 Euripides, BC 480~BC 406. 고대 그리스의 비극 시인. 총 18편의 작품이 전한다.

지혜는 호기심에서 비롯된다.

• 소크라테스 Socrates, BC 470~BC 399, 고대 그리스의 철학자. 예수, 석가, 공자와 함께 4대 성인으로 불린다.

지혜에 관한 명언 187

책에 관한 명언

Book
.

책이 없는 방은 영혼 없는 육체와도 같다.

Marcus Tullius Cicero

좋은 책을 읽는 것은
과거의 가장 훌륭한 사람들과 대화하는 것이다.

● 르네 데카르트 René Descartes, 1596~1650. 프랑스의 철학자. '근대 철학자의 아버지'라 불린다.

당신에게 가장 필요한 책은
당신에게 가장 많이 생각하도록 하는 책이다.

● 마크 트웨인 Mark Rwain, 1835~1910, 미국의 소설가, 대표작으로 《톰소여의 모험》이 있다.

약으로 병을 고치듯이 독서로 마음을 다스린다.

• 율리우스 카이사르 Julius Caesar, BC 100~BC 44. 로마 공화정 말기의 군인이자 정치가.

내가 인생을 알게 된 것은
사람과 접촉했기 때문이 아니라
책과 접촉했기 때문이다.

• 아나톨 프랑스 Anatole France, 1884~1924. 프랑스의 시인이자 소설가. 1921년 노벨문학상을 수상했다.

책은 드넓은 시간의 바다를 항해하는 배다.

● 프랜시스 베이컨 Francis Bacon, 1561~1626, 영국의 철학자, 정치가.
데카르트와 함께 근대 철학의 개척자로 평가받는다.

오늘의 나를 있게 한 것은 우리 마을의 도서관이었다.
하버드대학 졸업보다 소중한 것이 독서하는 습관이다.

• 빌 게이츠 Bill Gates, 1955~. 미국의 기업인. 마이크로소프트를 창업하여 세계적인 대부호가 되었다.

책을 단 한 권밖에 읽지 않은 사람을 경계하라.

• 벤저민 디즈레일리 Benjamin Disraeli, 1804~1881, 영국 제국주의 시대 총리를 지냈던 정치가.

보기 드문 지식인을 만났을 때는
그가 어떤 책을 읽는지 물어보아야 한다.

• 랠프 월도 에머슨 Ralph Waldo Emerson, 1803~1882. 미국의 시인이자 사상가.
'지적 독립선언'이라고 평가받는 《미국의 학자》를 저술했다.

남자라면 모름지기 다섯 수레 분의 책을 읽어야 한다.

• 두보 杜甫, 712~770. 중국 당나라의 시인. 이백과 함께 중국 최고의 시인으로 꼽히며 '시성(詩聖)'이라고 불린다.

나쁜 책을 읽지 않는 것은
좋은 책을 읽기 위한 조건이다.
인생은 짧고 시간과 능력에는 한계가 있다.

• 아르투르 쇼펜하우어 Arthur Schopenhauer, 1788~1860. 독일의 철학자. 염세주의 철학자로 불린다.

책을 읽는 것과 같이 값싸게 주어지는
영속적인 쾌락은 없다.

• 미셸 드 몽테뉴 Michel De Montaigne, 1533~1592. 프랑스의 철학자, 수필가. 1580년 《수상록》을 저술했다.

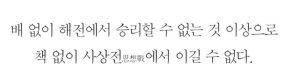

배 없이 해전에서 승리할 수 없는 것 이상으로
책 없이 사상전思想戰에서 이길 수 없다.

• 프랭클린 델러노 루스벨트 Franklin Delano Roosevelt, 1882~1945, 미국의 제32대 대통령.

내가 세계를 알게 된 것은 책에 의해서였다.

• 장 폴 사르트르 Jean Paul Sartre, 1905~1980. 프랑스의 작가이자 철학자. 노벨상을 거부한 것으로 유명하다.

© Kavram

책은 청년에게는 음식이 되고
노인에게는 오락이 된다.
부자일 때는 지식이 되고
고통스러울 때는 위안이 된다.

• 마르쿠스 툴리우스 키케로 Marcus Tullius Cicero, BC 106~BC 43. 고대 로마의 정치가, 저술가.

책은 위대한 천재가 인류에게 남긴 유산이다.

• 토머스 앨바 에디슨 Thomas Alva Edison, 1847~1931. 미국의 천재적인 발명가이자 사업가.
세계에서 가장 많은 발명품을 남긴 인물로 알려져 있다.

책은 한 권 한 권이 하나의 세계다.

• 윌리엄 워즈워스 William Wordsworth, 1770~1850. 영국의 낭만파 시인.

희망에 관한 명언

Hope

.

희망이 없는 일은 헛수고이고
목적 없는 희망은 지속될 수 없다.

Samuel Taylor Coleridge

비참한 인간들에게는 희망이 약이다.

• 윌리엄 셰익스피어 William Shakespeare, 1564~1616, 영국의 세계적인 극작가.
《로미오와 줄리엣》, 《햄릿》 등 수많은 명작을 남겼다.

삶에 대한 절망 없이는 삶에 대한 희망도 없다.

• 알베르 카뮈 Albert Camus, 1913~1960. 알제리 출신의 프랑스 소설가. 《이방인》, 《전락》 등을 저술했다.

역경은 희망으로 극복된다.

• 메난드로스 Menandros, BC 342~BC 291. 고대 그리스의 시인이자 극작가.

희망은 잠자지 않는 인간의 꿈이다.

꿈이 있는 한

이 세상은 도전해볼 만하다.

어떠한 일이 있어도 꿈을 잃지 말자.

꿈을 꾸자.

꿈은 희망을 버리지 않는 사람에게

선물로 주어진다.

• 아리스토텔레스 Aristoteles, BC 384~BC 322. 고대 그리스의 철학자. 여러 학문에 통달한 학자이기도 했다.

© Icemanphotos

모든 것을 손에 넣으면 희망이 사라진다.
언제나 어느 정도의 욕심과 희망을 비축해둬라.

• 발타사르 그라시안 Baltasar Gracian, 1601~1658. 스페인의 철학자이자 종교인.

희망은 어둠 속에서 시작된다.
일어나 옳은 일을 하려 할 때
고집스러운 희망이 시작된다.
새벽은 올 것이다.
기다리고, 보고, 일하라.
포기하지 마라.

● 앤 라모트 Anne Lamott, 1954~. 미국의 소설가. '대중의 작가'라는 별명으로 불리는 사회운동가.

무지함을 숨기는 것은 곧 그것을 늘리는 것이다.
하지만 무지함에 대한 정직한 고백은
언젠가는 그것이 줄어들 것이라는
희망의 기반을 마련해준다.

• 마하트마 간디 Mahatma Gandhi, 1869~1948. 인도의 사상가. '인도 건국의 아버지'로 추앙받는 지도자다.

220 세계 명언집

내일은 인생에서 가장 중요하다.
자정이 되면 내일은 아주 깨끗한 상태로
우리에게 다가온다.
아주 완벽한 모습으로 우리 곁으로 와
우리 손으로 들어온다.
내일은 우리가 어제에서 뭔가를 배웠기를 희망한다.

• 존 웨인 John Wayne, 1907~1979. 미국의 영화배우. 수많은 서부영화와 전쟁영화로 영화계 스타가 되었다.

내 비장의 무기는 아직 손안에 있다.
그것은 희망이다.

• 나폴레옹 보나파르트 Napoléon Bonaparte, 1769~1821. 프랑스의 군인. 1804년 황제에 올랐다.
유럽의 절반을 정복한 전쟁 영웅이었지만 폭군으로도 평가받는다.

희망을 품지 않는 사람은 절망도 할 수 없다.

• 조지 버나드 쇼 George Bernard Shaw, 1856~1950. 아일랜드의 극작가 겸 소설가.
1925년 노벨문학상을 수상했다.

낙관주의는 성공으로 인도하는 믿음이다.
희망과 자신감이 없으면 아무것도 이룰 수 없다.

• 헬렌 켈러 Helen Keller, 1880~1968. 미국의 작가. 평생을 인권 운동과 사회 복지 사업에 몰두했다.
시각·청각 장애를 극복하고 세계 최초로 대학 교육을 받은 인물이다.

큰 희망이 큰 사람을 만든다.

• 토마스 풀러 Thomas Fuller, 1608~1661, 영국의 종교인이자 역사학자.

어떤 사람의 희망은 미술에 있고
어떤 사람의 희망은 명예에 있고
어떤 사람의 희망은 황금에 있다.
그러나 나의 희망은 사람에 있다.

● 윌리엄 부스 William Booth, 1829~1912, 영국의 종교 지도자, 1865년 최초로 구세군을 창립했다.

위대한 희망이 사그라지는 것은 해가 지는 것과 같다.
그것은 인생의 빛이 사라지는 것과 다름없다.
매일 희망이라는 태양이 떠오르게 하자.

• 헨리 워즈워스 롱펠로 Henry Wadsworth Longfellow, 1807~1882, 미국의 시인.

희망이 있으면 행복의 싹은 그곳에서 움튼다.

• 요한 볼프강 폰 괴테 Johann Wolfgang von Goethe, 1749~1832, 독일의 시인 · 문학가이자 정치가.
《젊은 베르테르의 슬픔》, 《파우스트》 등의 명저를 남겼다.

희망은 일상적인 시간이 영원과 속삭이는 대화다.
희망은 멀리 있는 것이 아니다.
바로 내 곁에 있다.
나의 일상을 점검하자.

• 라이너 마리아 릴케 Rainer Maria Rilke, 1875~1926. 독일의 시인. 독일어권 최고의 시인으로 꼽힌다.

인생에 관한 명언

Life

.

인생에 있어서 가장 큰 기쁨은
"너는 그것을 할 수 없다"고
세상 사람들이 말하는 그 일을
성취하는 것이다.

Walter Bagehot

인생은 한 권의 책과 같다.
어리석은 사람은 책장을 대충 넘기지만
현명한 사람은 공들여 읽는다.
현명한 사람은 단 한 번밖에 읽지 못한다는 것을
알기 때문이다.

● 장 파울 Jean Paul, 1763~1825. 독일의 낭만주의 문학을 대표하는 작가. 대표작으로 《거인》이 있다.

인생은 불확실한 항해다.

● 윌리엄 셰익스피어 William Shakespeare, 1564~1616. 영국의 세계적인 극작가.
《로미오와 줄리엣》,《햄릿》 등 수많은 명작을 남겼다.

인생이라는 학교에는
불행이라는 훌륭한 스승이 있다.
그 스승 덕분에 우리는 더욱 단련된다.

• 블라디미르 막시모비치 프리체 Vladimir Maksimovich Friche, 1870~1929. 러시아의 문예학자.

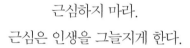

근심하지 마라.
근심은 인생을 그늘지게 한다.

● 요한 하인리히 페스탈로치 Johann Heinrich Pestalozzi, 1746~1827. 스위스의 교육자이자 사상가.

© Vadim Perrakov

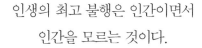

인생의 최고 불행은 인간이면서
인간을 모르는 것이다.

• 블레즈 파스칼 Blaise Pascal, 1623~1662. 프랑스의 수학자이자 철학자.

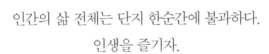

인간의 삶 전체는 단지 한순간에 불과하다.

인생을 즐기자.

• 플루타르코스 Plutarchos, 46~120, 그리스의 정치가, 작가. 《플루타르코스 영웅전》으로 잘 알려져 있다.

우리의 인생은 우리가 노력한 만큼 가치가 있다.

• 프랑수아 모리아크 François Mauriac, 1885~1970. 프랑스의 소설가. 1952년 노벨문학상을 수상했다.

결코 어제를 후회하지 마라.
인생은 오늘의 내 안에 있고
내일은 스스로 만드는 것이다.

● L. 론 허버드 L. Ron Hubbard, 1911~1986. 미국의 SF 작가. 100권 이상 다작을 한 작가로 유명하다.

인생은 네가 다른 계획을 세우느라 바쁠 때
너에게 일어나는 것이다.

• 존 레논 John Lennon, 1940~1980, 영국의 가수. 록 밴드 비틀스의 창립 멤버로 수많은 히트곡을 남겼다.

보람 있게 보낸 하루가 편안한 잠을 가져다주듯이
값지게 쓰인 인생은 편안한 죽음을 가져다준다.

인생은 선을 실행하기 위하여 만들어졌다.

• 이마누엘 칸트 Immanuel Kant, 1724~1804. 독일의 철학자, 비판 철학을 탄생시킨 인물로 널리 알려져 있다.

인생은 소유하는 것이나 받는 것이 아니라
사람이 되는 것이다.
더 좋은 사람이 되는 것이다.

• 아널드 조지프 토인비 Arnold Joseph Toynbee, 1889~1975. 영국의 사학자. 역사학의 개척자로 평가받는다.

만일 당신의 인생이 만족스럽다면
당신의 인생은 영원할 것이다.

• 루키우스 안나이우스 세네카 Lucius Annaeus Seneca, BC 4~AD 65. 고대 로마의 철학자.

인생은 짧다.

그러나 시간을 낭비하면 인생은 더 짧아진다.

• 새뮤얼 존슨 Samuel Johnson, 1709~1784. 영국의 시인, 평론가. 영국 최초로 근대적 영어사전을 만들었다.

인생은 가까이서 보면 비극이지만
멀리서 보면 희극이다.

• 찰리 채플린 Charles Chaplin, 1889~1977. 영국의 영화배우이자 제작자. 대표작으로 〈모던 타임스〉가 있다.

인생은 충분히 좋지 않을 수도 있다.
그러나 좋은 인생은 충분히 길다.

• 벤저민 프랭클린 Benjamin Franklin, 1706~1790, 미국의 정치가. 다재다능한 실용주의자로 평가받는다.

행복에 관한 명언

Happiness
.

대부분의 사람들은
자신이 마음먹은 크기만큼만 행복하다.

Abraham Lincoln

인생의 목적이 행복이라고
단정 짓지 말아야 행복할 수 있다.

• 조지 오웰 George Orwell, 1903~1950, 영국의 소설가, 《동물농장》과 《1984》 등의 걸작을 남겼다.

성공은 당신이 원하는 것을 얻는 것이고
행복은 당신이 얻은 것을 원하는 것이다.

● 데일 카네기 Dale Carnegie, 1888~1955. 미국의 작가이자 자기계발 분야 컨설턴트.
《데일 카네기 인간관계론》은 전 세계에서 5천만 부 이상 판매되었다.

지적인 사람이 행복한 경우는 정말 드물다.

• 어니스트 헤밍웨이 Ernest Hemingway, 1899~1961. 미국의 소설가, 20세기 현대 문학의 거장으로 불린다.
《노인과 바다》로 1953년 퓰리처상, 1954년 노벨문학상을 수상했다.

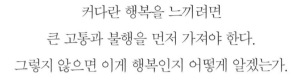

커다란 행복을 느끼려면
큰 고통과 불행을 먼저 가져야 한다.
그렇지 않으면 이게 행복인지 어떻게 알겠는가.

• 레슬리 카론 Leslie Caron, 1931~. 프랑스 영화배우. 주요 출연 영화로는 〈파리의 미국인〉, 〈릴리〉 등이 있다.

어떤 이들은 가는 곳마다
행복을 만들어내고
어떤 이들은 떠날 때마다
행복을 만들어낸다.

● 오스카 와일드 Oscar Wilde, 1854~1900. 아일랜드의 시인, 소설가이자 평론가.

행복은 목적지가 아니다.
행복은 잘 살고 있는 삶의 부산물이다.

● 엘리너 루스벨트 Eleanor Roosevelt, 1884~1962, 미국의 사회운동가, 루스벨트 대통령의 부인.

가장 행복한 사람은
행복을 더 많이 가지려는 사람이 아니라
더 많이 나누어주려는 사람이다.

• H. 잭슨 브라운 주니어 H. Jackson Brown Jr., 1941~. 미국의 작가. 대표작으로 《삶의 작은 교훈서》가 있다.

행복은 이미 만들어져 있는 것이 아니다.
행복은 당신의 행동에서 비롯한다.

● 달라이 라마 Dalai Lama, 1935~. 티베트의 영적 지도자. 인도로 망명해 비폭력 독립운동을 계속하고 있다.

자기 자신을 위해서만 찾는 행복은
절대로 발견할 수 없다.

• 토머스 머튼 Thomas Merton, 1915~1968. 프랑스 출신으로 트라피스트회 신부이자 저술가, 평화 인권운동가.

행복은 사소한 것에 있다.

• 존 러스킨 John Ruskin, 1819~1900. 영국의 미술 평론가이자 사상가. 《근대 화가론》 등의 평론서를 남겼다.

나누지 않는 행복은 행복이라고 할 수 없다.
거기에는 아무런 고상함도 없기 때문이다.

• 에밀리 브론테 Emily Brontë, 1818~1848. 영국의 시인, 소설가. 《폭풍의 언덕》은 명작으로 꼽힌다.

행복은 향수와 같아서
자신에게 몇 방울 떨어뜨리지 않으면
다른 사람들에게 그 향기를 퍼뜨릴 수 없다.

• 랠프 월도 에머슨 Ralph Waldo Emerson, 1803~1882. 미국의 시인이자 사상가.
'지적 독립선언'이라고 평가받는 《미국의 학자》를 저술했다.

행복을 얻은 사람은
그 행복을 다른 사람들과 나눠야 한다.
행복은 쌍둥이로 태어났다.

• 조지 고든 바이런 George Gordon Byron, 1788~1824. 영국 귀족 출신의 낭만파 시인.

행복의 비결은 포기에 있다.

● 앤드루 카네기 Andrew Carnegie, 1835~1919. 스코틀랜드 출신 미국의 기업인, 자선사업가.
철강산업의 발전을 이뤄 대부호가 되었고 재산의 4분의 3을 기부했다.

행복을 위해 필요한 세 가지는
할 일, 사랑할 사람 그리고 희망하는 것이다.

• 알렉산더 차머스 Alexander Chalmers, 1759~1834. 스코틀랜드의 작가. 전기작가로 잘 알려져 있다.

나는 행복한 사람이 더 행복해지기 위해
무엇이 필요한지 잘 모르겠다.

• 마르쿠스 툴리우스 키케로 Marcus Tullius Cicero, BC 106-BC 43. 고대 로마의 정치가, 저술가.

기쁘게 일하고
해놓은 일을 기뻐하는 사람은 행복하다.

• 요한 볼프강 폰 괴테 Johann Wolfgang von Goethe, 1749~1832. 독일의 시인·문학가이자 정치가.
《젊은 베르테르의 슬픔》, 《파우스트》 등의 명저를 남겼다.